Charles Yriarte

L'Exposition rétrospective de Lisbonne

Essai

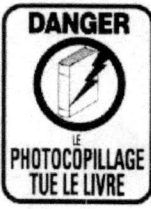

Le code de la propriété intellectuelle du 1er juillet 1992 interdit en effet expressément la photocopie à usage collectif sans autorisation des ayants droit. Or, cette pratique s'est généralisée dans les établissements d'enseignement supérieur, provoquant une baisse brutale des achats de livres et de revues, au point que la possibilité même pour les auteurs de créer des œuvres nouvelles et de les faire éditer correctement est aujourd'hui menacée. En application de la loi du 11 mars 1957, il est interdit de reproduire intégralement ou partiellement le présent ouvrage, sur quelque support que ce soir, sans autorisation de l'Éditeur ou du Centre Français d'Exploitation du Droit de Copie , 20, rue Grands Augustins, 75006 Paris.

ISBN : 978-1978104488

10 9 8 7 6 5 4 3 2 1

Charles Yriarte

L'Exposition rétrospective de Lisbonne

Essai

Table de Matières

Une visite à l'exposition rétrospective de Lisbonne   6

Une visite à l'exposition rétrospective de Lisbonne

Par un décret du 22 juin 1881, le gouvernement portugais a jeté les bases d'une « Exposition rétrospective de l'art ornemental espagnol et portugais » à Lisbonne en 1882 ; le roi dom Luis a réclamé le titre de protecteur de cette entreprise nationale, et le roi dom Fernando son père a accepté la présidence effective avec le concours des ministres compétents. La commission directoriale, composée de trente-sept membres choisis parmi les pairs du royaume, les directeurs-généraux des divers ministères, des membres de l'Académie des sciences et des beaux-arts, des professeurs, des écrivains et de grands industriels, a délégué sept de ses membres réunis en commission exécutive ; munis de toutes les autorisations, moyens d'exécution et droits de réquisition, ils se sont répandus dans le royaume avec mission de réunir dans la capitale tout ce qui pouvait contribuer à donner une juste idée des richesses d'art de la nation, de l'histoire de son travail et des phases successives par lesquelles ont passé ses arts industriels. Une disposition spéciale proposait aussi comme but à la commission de grouper tous les éléments nécessaires pour écrire l'histoire de l'art en Portugal. Comme base d'une telle œuvre, les deux souverains offraient à la commission de choisir dans leurs collections privées les objets les plus précieux ; on grouperait autour de ce premier apport les collections nationales de l'Académie des beaux-arts, celles de l'Académie des sciences, les trésors des diocèses, des cathédrales, des couvents, des établissements hospitaliers, des universités et des collections privées de tout le royaume. Le gouvernement espagnol et les particuliers seraient enfin conviés à fournir leur contingent d'œuvres nationales, comme aussi le South-Kensington-Museum de Londres, et même les amateurs étrangers.

La manifestation s'est produite à l'heure dite et le résultat a dépassé ce qu'on pouvait en attendre : le Portugal n'assistera probablement plus à un tel spectacle ; car on a ouvert les yeux à ceux qui ne croyaient point posséder de telles merveilles, et l'admiration qu'elles ont suscitée les rendra désormais jaloux de leur conservation.

La présence des souverains espagnols à l'inauguration, les fêtes célébrées en leur honneur à Lisbonne et à Villaviciosa, ont donné un éclat exceptionnel à cette manifestation, et si les Portugais avaient fait savoir au monde, en temps opportun, quels efforts ils allaient accomplir, nul doute que le concours d'étrangers eût été plus considérable, et le profit plus effectif. Mais il semble que la nation ait pris pour devise la réponse altière de son roi Jean III à l'illustre Paolo Jovio, qui lui recommandait de prendre soin de sa gloire et de publier dans le monde le résultat de ses grandes découvertes : « Les Portugais savent faire, dit le roi ; ils ne savent pas dire. » Ils ont agi, en effet, et ne l'ont point dit ; l'honneur est tout aussi grand pour eux, mais nombre d'amateurs de l'Europe ont le droit de leur reprocher d'avoir exhibé leurs merveilles à huis-clos. Quand on s'appelle Lisbonne et qu'on a façade sur le monde : quand on a sa rade unique, Cintra avec son château de légendes, ses bois de camélias, ses forêts de fougères arborescentes, ses grands magnolias, ses massifs de mimosas odorants, ses bougainvillias géants qui escaladent les hautes murailles fortifiées pour présenter aux balcons leurs bouquets éclatants ; quand on a, dans son écrin, Porto sur sa montagne, Coïmbra doucement assise sur les rives du Mondego avec sa fontaine des larmes et sa touchante légende d'Inès de Castro ; quand on a Belem et son cloître, Batalha, Alcobaça, Braga, Mafra, cette revanche de l'Escurial, et Sétubal avec ses bois d'oranger, et Santa-Cruz, et Evora, un tel excès de modestie peut passer pour de la fierté, ou tout au moins pour de l'indifférence.

Le gouvernement français n'a pas cru devoir rester étranger à cette exposition rétrospective ; le trésor des connaissances historiques, pouvait s'en accroître et la somme de notions relatives à l'histoire de l'art, dans un pays qu'on visite peu, allait s'augmenter de tout ce que mettraient au jour les recherches, prescrites par le décret ; c'était enfin l'occasion de donner au Portugal et à ses souverains un témoignage de sympathie : deux délégués ont donc été nommés pour étudier l'exposition.

On conçoit facilement qu'il ne peut être question ici de décrire les milliers d'objets d'art qui figuraient au palais de Pombal, transformé en palais des beaux-arts ; le but est plus élevé et l'intérêt qu'offrent ces sortes d'expositions dépasse la portée que leur attribue la foule, pour peu qu'on sache lire, comprendre, et rattacher, comme il convient, les monuments aux périodes historiques qui les ont vus naître. Qu'un sage esprit de méthode et une rigoureuse classification chronologique président à l'installation des objets, le visiteur attentif va assister au développement successif des forces de la production nationale, aux transitions et aux variations du goût : telle ou telle forme exotique lui révélera l'influence étrangère, qui vient étouffer le génie national, rappeler la nation au sentiment de la mesure, ou, au contraire, pervertir le goût public, et il touche ainsi du doigt l'apogée, comme il reconnaît les signes visibles de la décadence.

Arrêtons-nous un instant, par exemple, en face du merveilleux *Ostensoir de Belem*, commandé par le roi dom Manoel, en 1566, en commémoration de la découverte des Indes. Vasco de Gama vient d'imposer le vasselage aux Indiens qu'il a soumis ; les flottes portugaises entrent dans le Tage chargées de lingots d'or, premier tribut des vaincus ; dom Manoel appelle Gil Vicente son orfèvre : il va dessiner un monument religieux qui deviendra un type d'architecture. Sur la base rampent les reptiles grimpent les oiseaux aux couleurs vives et les fleurs éclatantes des pays découverts ; aux colonnes accouplées il attache les sphères qui symbolisent l'esprit des découvertes géographiques, sur la plate-forme où se dresse le disque de cristal de roche renfermant la sainte hostie, il agenouille les douze apôtres, statuettes d'or massif revêtues des plus riches émaux. Afin de faire de ce précieux monument un document historique plus précieux encore, Gil Vicente écrit à la base le nom du roi qui a commandé l'œuvre, « avec le premier or rapporté des Indes, » et c'est par le testament de dom Manoel, où il ordonne de livrer l'ostensoir au monastère de Belem, que nous apprenons le nom de l'artiste. A quelques pas de là, sous une autre vitrine, au fond d'une coupe en vermeil, nous voyons la flotte portugaise qui va doubler le Cap ; plus loin, nous arrivons à Melande ; la renommée étend ses ailes, elle proclame la gloire des conquérants et vient à leur rencontre à l'entrée du port, montée sur un char traîné par des éléphants. La matière s'anime à nos yeux, elle parle ; à sa voix, les faits se déroulent, l'esprit national se révèle, l'imagination s'éveille, et c'est ainsi que l'art, miroir fidèle des faits contemporains, tient une si grande place dans l'histoire de l'humanité.

La commission d'organisation n'a entendu excepter aucune branche des arts mineurs, et le catalogue ne comprenait pas moins de dix-huit classes d'objets, depuis l'orfèvrerie, les métaux précieux, joyaux, bronzes, céramiques, meubles, tissus et broderies, etc., jusqu'aux manuscrits enluminés. Puisque l'exposition était nationale, c'était dire que toutes les industries qui forment l'ensemble de l'art ornemental et décoratif ont été pratiquées dans le pays. Si le fait est acquis pour l'Espagne, il est moins évident pour le Portugal, et c'était, pour ceux qui s'occupent de ces questions, le principal attrait de cette exposition.

Il fallait bien s'attendre cependant à quelque infraction à la première condition du programme ; où est d'ailleurs la ligne de démarcation entre les objets portugais d'origine et ceux faits par des étrangers pour le Portugal ? Comment pourrait-on regretter l'intervention inattendue, dans une exposition réservée à l'art portugais, de beaux bas-reliefs grecs, nobles épaves de quelque temple antique, recueillies par un ancêtre du duc de Loulé ? Les chefs-d'œuvre de sculpture de la renaissance italienne, allemande et française sous forme de marbres, de terres cuites, de bas-reliefs en pierre lithographique, d'émaux de Limoges et de majoliques de Pesaro et d'Urbino envoyés par les souverains du Portugal et le duc de Palmella, s'ils figuraient là comme des « intrus, » avaient du moins le mérite d'y rappeler que la mesure, le calme, l'harmonie, la raison, doivent présider à la disposition des sujets et à la répartition des motifs ornementaux, et que les artistes sont tenus de garder une juste mesure jusque dans leurs fantaisies les plus audacieuses.

Nous avions donc là, en somme, après avoir fait le travail nécessaire d'élimination des beaux objets que nous venons de citer, des spécimens de tout ce qui représente les arts mineurs du Portugal sous toutes leurs formes, et nous aurions dû pouvoir juger la production nationale dans son ensemble et aussi dans la série des temps, puisque l'exposition rétrospective embrassait plus de dix siècles écoulés. On ne s'était cependant pas assez placé au point de vue de l'enseignement qui pouvait résulter d'un tel effort pour les progrès de l'industrie nationale, et on ne lisait clairement, dans la succession des objets présentés, ni la chronologie, ni la progression. L'idée qui devait tout dominer, celle qui, après tout, était la seule raison d'être de cette exposition, l'idée d'art national, ne se dégageait pas assez de l'ensemble. En ne la perdant jamais de vue, en la mettant toujours en relief, par série d'objets et par époques, on eût pu, avec un léger effort, arriver à un résultat bien autrement complet.

Pour la céramique, par exemple, on devait, dans le pays des *Azulejos*, nous présenter la synthèse de cette belle industrie nationale qui joue un rôle si considérable dans l'art décoratif de la Péninsule. Les Azulejos, en Espagne et en Portugal, tiennent la place de la fresque en Italie ; il y a là un art qui s'exerce à tous les degrés, contribue à la décoration du plus somptueux palais comme il orne la demeure du plus humble des paysans, et a parfois cette importance supérieure qu'il traduit la pensée nationale et trahit les préoccupations de l'esprit public au même degré que la peinture elle-même. Il peut même devenir, à un moment donné, un témoignage historique ; à la porte de Lisbonne, dans la villa des marquis de la Fronteira, une série de figures équestres plus grandes que nature, portraits historiques Avec légende, ornent les terrasses des jardins ; et les parois de la grande salle représentent, carreau par carreau, toute la série des combats livrés par les Portugais contre les Espagnols lors de la guerre de l'indépendance : on voit figurer là don Juan d'Autriche, d'Albuquerque, le comte de la Torre, de sorte qu'on peut suivre sur ces murs l'histoire presque complète de la lutte.

Les objets qui représentent l'art portugais d'outre-mer étaient épars ; ils auraient dû former une classe spéciale où on eût distingué les régions et les périodes, depuis la conquête jusqu'aux dates les plus récentes. Les armes et armures faisaient défaut, ou elles étaient représentées d'une façon insignifiante ; on m'assure que le pays ne possède plus de spécimens intéressants des belles époques ; cette lacune, dans la patrie des audacieux soldats et des marins aventureux, est une anomalie dont il faudrait rechercher la cause. Les meubles portugais sont célèbres ; on avait reculé sans doute devant l'ennui de démeubler les palais, car le nombre de beaux exemplaires était très restreint, de sorte que cette industrie, si importante pour le pays, — puisque c'est une des seules qui établissent sa supériorité de fabrication à l'étranger, — n'était pas représentée comme elle eût dû l'être.

Les bijoux portugais, surtout dans le nord de la Péninsule, sont l'orgueil des habitants de la campagne ; ceux des siècles passés sont-des chefs-d'œuvre d'industrie locale au point de vue du goût et de la monture ; il fallait aussi en établir la série et la classer. Ces rues de *l'argent (rua da prata)*, dans la plupart des grandes villes du Portugal, où chaque maison est occupée par un bijoutier, où l'or pur scintille à chaque devanture, frappent vivement l'étranger ; et s'il voit s'avancer, la tête chargée d'un lourd fardeau, une fille de la campagne couverte d'or comme une chasse et qui, sur ses vêtements toujours sombres, entasse une profusion de bijoux tels que les *Conceptions* de dimension démesurée, les grands cœurs d'or de filigrane, les larges croix pectorales, le voyageur s'arrête charmé en reconnaissant là un des derniers traits du caractère national.

On aurait pu enfin réclamer d'une façon générale un classement chronologique rigoureux, et il eût fallu écarter résolument beaucoup de spécimens de céramique de l'extrême Orient qui n'avaient pas là leur raison d'être. Puisqu'on en était arrivé peu à peu à admettre la peinture, représentée dans les salles du palais de Pombal par des panneaux qui offraient un très vif intérêt pour nous à cause du problème qu'ils offrent à ceux qui s'occupent de l'histoire de l'art, il fallait rapprocher les types, les coordonner et nous présenter la série, depuis le milieu du XVe siècle jusqu'au XVIIIe Tous les éléments étaient là ; il s'agissait simplement d'une disposition à prendre. Pour nous résumer en somme, nous demandions un peu plus de critique et quelques légendes explicatives. On comprendra qu'ici l'intérêt de l'art seul nous guide et que nous ne voulons simplement qu'indiquer les dispositions qui eussent rendu le résultat plus fécond pour l'instruction de tous. C'était là, sans doute, le but qu'on se proposait en décrétant l'exposition.

Le fait qui ressort de cette manifestation et l'idée générale qui s'affirme, c'est la supériorité de l'orfèvre portugais au point de vue de la technique de son métier ; c'est là l'impression dominante, l'intérêt réel, et peut-être aussi l'excès de cette exhibition où l'orfèvrerie religieuse tenait une place considérable. L'exécution de ces objets, réservés au culte, étant soumise à des formules, à des canons déterminés, non-seulement par la tradition, mais par des règles écrites, les mêmes symboles et les mêmes formes se représentent souvent, cette uniformité devient vite un sujet de fatigue pour ceux des visiteurs qui ne voient pas de différences essentielles dans ces styles et ne lisent point clairement la succession des époques dans les transformations. Chacun comprendra que, quand un peuple a subi des vicissitudes politiques et a été la victime de fléaux terribles comme ceux qui ont ravagé le Portugal ; quand, du roi Diniz au marquis de Pombal, on a vu dix fois la terre s'entr'ouvrir pour engloutir les générations, détruire leur œuvre successive, tarir les sources de la richesse nationale et condamner un peuple à recommencer chaque siècle l'œuvre du siècle précédent, le seul faisceau qui reste à peu près intact, la seule puissance qui soit debout, la seule prospérité enfin qui puisse résister à tant de coups répétés, c'est celle qui s'appelle légion, celle qui puise sa force dans l'association religieuse, dont la patrie est partout et nulle part, et qui a pour devise : « Solidarité. » Quand les grands cataclysmes fondant sur les peuples les rappellent au sentiment de la vanité des choses humaines et à la fragilité des biens terrestres, ils viennent se prosterner au pied des autels en murmurant le nom du Seigneur. C'est dire que, lorsque la grande aristocratie portugaise, la noblesse d'épée, et ces *fidalgos* enrichis par le commerce et les relations avec les colonies, voyaient s'épuiser leurs ressources et cherchaient les moyens de faire face aux nécessités de la vie en aliénant tous les objets d'or et d'argent qui! ornaient leurs demeures, les associations religieuses pouvaient dominer ces terribles événements et conserver intact leur patrimoine, comme ils ont pu le dérober aux investigations des envahisseurs. D'ailleurs, chaque nouveau fléau leur rendait au centuple ce qu'ils avaient perdu, grâce à la piété des princes, à la générosité des grands et à la magnificence des pontifes et des prélats.

Ainsi s'explique l'énorme quantité de pièces d'orfèvrerie qu'on nous a présentées et l'importance exceptionnelle de quelques-unes : telles le triptyque en repoussé de Guimarens, œuvre extraordinaire dont on regrette de ne pouvoir présenter une image au lecteur. On a d'ailleurs dans les archives la liste des présents offerts par les princes et les prélats en de certaines occasions, et, en lisant ces énumérations, on comprend que les trésors des établissements religieux du Portugal devaient égaler en richesse ceux des sanctuaires les plus célèbres de l'Europe.

Il faut retirer un enseignement de ces grandes expositions où on embrasse d'un seul coup l'art de tout un pays dans toutes ses transformations successives ; mais nous avons ressenti, en franchissant pour la première fois le seuil du palais de Pombal, une impression singulière, un trouble réel et une véritable confusion d'idées, et nous sommes convaincu que tout voyageur, artiste, historien ou écrivain d'art qui se fût trouvé subitement transporté en face de ces objets de provenance portugaise, qui constituent l'ensemble de la richesse d'art du pays, eût ressenti une impression identique à celle qui nous a frappé. De longues années d'études spéciales, des voyages nombreux, quelque pratique des musées et des collections de l'Europe, permettent d'ordinaire de rattacher à première vue un monument à un temps, à une école et à une région. Ici tout ce bagage de connaissances et de traditions devient inutile ; c'est en vain qu'on cherche dans ces mille objets d'une même origine des signes identiques qui, se reproduisant par périodes, vont permettre d'établir la chronologie, on hésite, et, définitivement, on ne peut déterminer sûrement ni les provenances ni les caractères. Que si, par hasard, trompé par les apparences, on assigne une date précise à un monument, la légende gravée donne un démenti incontestable ; si on cite un nom parce que la forme dénonce une personnalité connue, un document certain, ou quelque initiale marquée d'une façon authentique en quelque endroit caché vient infliger un nouveau démenti sans réplique. Il faut alors se recueillir un instant, et, discernant au milieu de ces mille monuments divers des tendances variées, des éléments confus, dénaturés, modifiés par des courants nouveaux et tout personnels au pays, reconnaître que, pour tirer quelque fruit d'une telle étude, on doit d'abord feuilleter l'histoire locale, se pénétrer de l'esprit de la nation, étudier ses mœurs et connaître les péripéties de ses annales. L'étude des monuments, en effet, s'éclaire par l'étude de l'histoire, et ceux qui tentent de les séparer risquent fort de passer pour inexacts ; ils se refusent en tout cas un moyen de contrôle et une source d'informations dont l'authenticité est incontestable.

C'est dans la constitution même du Portugal, dans sa situation géographique, son histoire, ses malheurs et ses triomphes, que nous avons cherché le secret de l'hésitation qu'on ressent en face des objets d'art que nous avons sous les yeux. En effet, pour qu'un pays possède un art distinct de celui des pays qui l'entourent, il faut qu'à un certain degré ses mœurs, son caractère, son sol, son atmosphère, sa flore et sa faune, diffèrent de ceux du pays voisin. Il lui faut une croyance, une langue, une littérature, une histoire locale. Si aucun accident géologique, montagne, mer ou fleuve, ne le sépare ; si son ciel est le même, s'il a la même foi, les mêmes mœurs, le même idiome, si l'échange est constant, les deux royaumes politiques peuvent être distincts, mais les peuples seront les mêmes et leurs productions ne pourront différer entre elles que par un accent de terroir qui ne constitue pas un genre, mais une espèce. Une circonstance unique et définitive, au point de départ, pourrait seule expliquer une dissemblance entre deux nations ainsi juxtaposées dans les mêmes conditions de climat, c'est que la race ne fût pas la même, ou que l'une des deux se fût fortement altérée par des conditions accidentelles.

Il n'y a point à prétendre que le Portugal, dans les conditions où il est placé, ait pu échapper à l'influence du pays qui l'avoisine. Cependant, comme les différences de caractère des deux peuples éclatent aux yeux et frappent les moins prévenus, le premier mouvement de celui qui étudie le pays est de chercher dans les origines même la cause de cette anomalie. Les invasions se sont effectuées ici et là dans des conditions qui sont à peu près les mêmes ; mais là toutefois, la séparation politique s'est accomplie de nonne heure, et on s'est habitué depuis des siècles à se considérer comme un peuple distinct sur le même morceau de terre. Dès le premier jour de la séparation, un génie patriotique local s'est révélé, de nombreuses alliances n'ont pu maintenir la fusion, et, bien plus, le jour où l'une des deux nations a mis le pied chez l'autre, la moins puissante des deux s'est regardée comme esclave jusqu'à ce que, par un effort viril, elle ait forcé son puissant voisin à repasser la frontière ; et le vaincu n'a jamais oublié depuis « les soixante ans de captivité. » Si ce peuple détaché d'une branche commune, la noble nation espagnole, n'avait pas eu sa fonction dans l'humanité, et son génie propre, il est clair qu'il eût été absorbé et n'aurait point constitué une personnalité politique ; mais, à la fin du XVe siècle, par des élans successifs de génie, le Portugal a pénétré les mystères d'un monde ignoré, et l'Europe est devenue attentive. On conçoit donc, malgré les rêves des politiciens et l'idéal poursuivi par certains hommes d'état, que chacune des deux nations ait le droit de se considérer comme formait une unité douée d'un caractère propre. Si on ajoute à cela que le Portugal jouit d'une autonomie politique sous une dynastie spéciale, il n'y a pas lieu de s'étonner de ce que l'orgueil national se pique d'avoir enfanté un art portugais ; qu'ayant eu son Vasco de Gama et son Camoens, il les oppose parfois à Colomb et à Cervantes, et que, à ceux qui lui parlent de Gonzalve, il réponde par Albuquerque. Dans ce domaine des arts, quelques écrivains nationaux voudraient même écrire les noms de Gran-Vasco à côté de celui de Juan de Juanès et opposer Gil Vicente à Juan de Arfe, tandis que d'autres, au contraire, contestent à leur propre pays cette supériorité.

La prétention du Portugal est-elle légitime ? Existe-t-il une école portugaise et pouvait-il en exister une ? C'est entrer au vif de la seule question qui soit en cause ; car il ne s'agit point de compter un à un des objets plus ou moins ingénieusement ciselés et d'une composition plus ou moins heureuse, mais bien de reconnaître si, dans l'ensemble de l'histoire du travail humain, nous constatons là une note particulière.

En ce qui concerne la race elle-même, l'étude des premiers monuments de cette partie de la Péninsule présente une particularité qui pourrait avoir eu son influence très déterminée. Sous le terme générique d'*Antas*, les dolmens, les cromlechs, les menhirs, les allées couvertes sont très nombreux depuis l'Alemtejo jusqu'au Minho ; Viriathe, le héros national, le Vercingétorix de la Lusitanie, est un Celte ; l'élément celtique a donc pu prédominer dans la race. L'influence romaine, très visible encore dans dix-huit villes, n'a cependant pas laissé plus de traces que dans le reste la Péninsule, et quant à l'élément goth et visigoth, représenté dans l'art par les trésors de Guarrazar, qui figurent aujourd'hui dans notre musée de Cluny, on n'en trouve d'autres vestiges appréciables que dans les soubassements de quelques monuments, à Pombal, à Porto et à Coimbra, et dans la série des monnaies d'or de la dynastie.

Les Maures, qui jusqu'à la fin du XVe siècle dominent encore en Espagne et gardent Grenade pour capitale, ont laissé, depuis la Méditerranée jusqu'au centre de la Péninsule, de merveilleux monuments qui attestent une puissance de production considérable et le goût le plus élevé ; dans le Portugal, au contraire, si on en excepte un Alcazar défiguré à Cintra, il est difficile de constater leur domination par les monuments ; à peine reste-t-il quelques aqueducs faits et refaits à trois reprises, différentes, et des châteaux-forts, sentinelles avancées placées au sommet des *penhas* pour surveiller la plaine et la mer, et transformés depuis par dom Sébastien.

C'est là une différence essentielle ; dès le XVe siècle, la nation portugaise, constituée sous un chef, se ligue contre le musulman ; le 25 juin 1139, après la bataille de Campo-Ourique, c'en est fait de la domination musulmane ; il n'y aura plus que des retours offensifs qui seront pour elle l'occasion de sanglantes déroutes. Donc, pas de monuments superbes comme la mosquée de Cordoue ou les monuments de Séville et de Grenade, constants exemples qui influencent les Espagnols et créent chez eux un art mixte : l'art *mude jar*. On sait comment, au continuel contact du chrétien et du mahométan, qui au lendemain de la lutte vivent côte à côte en respectant mutuellement et conservant leurs usages et leur religion, chacun des deux peuples s'influence : là, comme partout, c'est le chrétien qui emprunte, tandis que le mahométan garde ses formules inflexibles et son trésor de traditions intact. Le chrétien, lui, reçoit de France, d'Allemagne et d'Italie ses modèles et ses exemples, tandis que le mahométan a les yeux tournés vers Damas ou Constantinople. Or je ne sache point que, de tous les objets qu'on nous a présentés à Lisbonne : armes, objets consacrés au culte, coffrets en ivoire, émaux, coupes, bassins de bronze qui portent le cachot de ce temps et le caractère de l'ornementation mauresque, aucun puisse être attribué spécialement au Portugal, tandis que la plupart des ivoires, ornés de caractères coufiques qui disent lisiblement leur âge et leur provenance, sont d'origine espagnole.

A partir du XIIe siècle, le royaume de Portugal est donc constitué en pays indépendant sous un prince français, descendant de Hugues Capet, arrière-petit-fils de Robert roi de France, quatrième fils de Henri, duc de Bourgogne. Le roi de Castille, Alphonse VI, auquel il a prêté le secours de son bras contre les Maures, lui a donné le territoire avec la main d'une de ses filles, Tareja. Jusqu'au jour où le génie national se dégagera, sous le grand roi dom Manoel, cette origine bourguignonne laissera sa trace dans l'art portugais ; les souverains s'allieront tantôt à l'Espagne, tantôt à la maison de Bourgogne, et de ces doubles alliances il résultera un art mixte, difficile à classer. Le pays reste ouvert du côté de l'Espagne, nulle frontière ne l'en sépare ; il aboutit par ses ports à la Provence, à l'Italie, à l'Afrique ; il a de l'expansion avec le génie des aventures ; et c'est aux peuples de la péninsule que sera réservée la gloire d'écrire un nom sur la mappemonde là où, dans leurs portulans naïfs, les navigateurs du XVe siècle écrivent encore le mot « Brumes. »

Au XIIIe siècle, on combat pour la vie, au XIVe, quand on construit, on suit ce style romano-byzantin que nous avons adopté un siècle plus tôt, dans le midi de la France ; le jour où Jean Ier élèvera le monastère de Batalha, vaste ensemble de monuments religieux qui symbolise l'émancipation violente du Portugal, après la journée décisive d'Aljubarolta (1385), l'architecture affectera le caractère sec, froid et élégant du gothique anglais. Là encore, malgré la nationalité des artistes employés à l'érection du monument, c'est peut-être dans l'influence d'une alliance avec la maison de Lancastre qu'il faut chercher le secret du caractère imprimé au monument.

Mais c'est la Flandre qui aura la part évidente et l'action décisive ; Bruges compte déjà une colonie importante de négociants portugais, les relations sont constantes, les échanges vont être continuels ; en 1415, Jean sans Peur envoie des tableaux flamands à Jean Ier ; en 1429, Philippe III, duc de Bourgogne ; aspire à la main de sa fille et lui envoie une ambassade où figure Van Eyck, son valet de chambre, célèbre déjà comme peintre. Celui-ci laissera en Portugal de nombreux portraits, et ses œuvres exerceront une incroyable influence sur tout le XVe siècle. Les présents échangés, bijoux, pièces d'orfèvrerie, étoffes, tapis, panneaux, manuscrits enluminés, deviennent des modèles et des types, et comme chaque artiste, alors même qu'il copie ou imite, donne toujours à son œuvre quelque chose de sa personnalité, il résultera de là un art flamengo-portugais d'un caractère frappant et qu'on saura toujours reconnaître.

Les souverains du Portugal possèdent des manuscrits enluminés de cette période qui ont tout le caractère des Flandres et dont tous les détails, fonds d'architecture, paysages, costumes, mœurs, peintures des usages rustiques, indiquent qu'ils sont faits dans le pays. Les vitrines de l'exposition contiennent des nobiliaires et des livres de costume du même caractère, et nombre de panneaux portugais, qui figurent au palais de Pombal, attestent celte action des Flandres sur les ans du Portugal. La sculpture sera bourguignonne depuis le nord jusqu'au midi, à Porto, à Coimbra, à Santa-Cruz et à la cathédrale. Dans l'architecture, le gothique sec des Anglais qui donnait à Batalha son caractère primitif, va fleurir à la façon bourguignonne. On engagera des artistes pensionnaires très nombreux qui changeront le courant national et le détourneront ; les Portugais, de leur côté, vont sortir de leur pays, visiter les Flandres, les Pays-Bas, l'Allemagne ; ils y noueront des relations commerciales et fonderont des comptoirs. Ce sont déjà de hardis navigateurs qui ont l'instinct du commerce et le goût des aventures, l'action s'exercera dans toutes les directions et, vers la fin du siècle, quand l'imprimerie sera découverte, le pays, l'un des premiers, profitera de ce bienfait.

Le jour où, par la mort de Charles le Téméraire, à Nancy (1477), Maximilien Ier d'Autriche, fils d'une princesse de Portugal, héritera du duché de Bourgogne, les liens, devenus plus étroits encore, s'étendront à toute l'Allemagne. Ce n'est plus seulement à Bruges et à Anvers qu'on aura des comptoirs ; les traités commerciaux lieront le Portugal à une des plus grandes villes de l'empire. Et quand les découvertes géographiques qui signaleront la fin du siècle rendront l'Europe attentive aux faits et gestes des Portugais, l'impulsion irrésistible des intérêts matériels poussant l'Europe vers ce coin de la Péninsule, on verra les grands facteurs portugais devenir les agents directs non-seulement du mouvement commercial, mais aussi ceux du mouvement intellectuel et artistique.

Nous avons les noms des artistes portugais fixés dans les Flandres : Eduwart Portugaloy, élève de Quintin Messys en 1504, est inscrit comme *vrymeester* en 1508 à la confrérie de Saint-Luc d'Anvers ; son frère Symon, à la même époque, étudie sous Van der Weyen ; Alfonso Castro fréquente le même atelier en 1522 ; Velasco Hanneken, Pedro de Castro, de 1540 à 1560, sont chez Jacob Spueribol. Ainsi se trouve expliquée l'impression qu'on ressent en face des œuvres picturales de ces époques en Portugal ; elles crient le nom des Flandres et nous présentent cependant des marques évidentes de leur origine portugaise. Et comme nous savons par les lettres de Damian de Goes, qu'il avait à Lisbonne même une collection de tableaux que visitaient les souverains et les étrangers, nous ne pouvons douter qu'ayant longtemps résidé à Bruges, à Anvers, à Cologne, et entretenu des relations avec les grands artistes de ces régions, il n'ait surtout recueilli des œuvres flamandes et allemandes qui ont eu nécessairement une action sur la production nationale.

Toutes ces circonstances, qui se lisent visiblement dans la plupart des œuvres que nous avons sous les yeux, suffisent à expliquer la profusion des richesses dont sont dotés les couvents et les palais, tt expliquent clairement aussi le caractère qui les distingue. L'abondance de ! a matière d'or qui, à un moment, afflue dans le Portugal eut pour conséquence des dons innombrables et un entassement prodigieux d'objets d'orfèvrerie ; les seules épaves de ces trésors constituent la richesse principale de l'exposition actuelle, malgré toutes, l'es vicissitudes qui ont pu contribuer à leur dispersion dans le monde ou à leur irréparable destruction.

Nous avons sous les yeux l'énumération des présents et des legs faits : par les souverains à leurs enfants depuis Alphonse IV (1385). jusqu'à l'époque du marquis de Pombal (1755). La richesse de ces inventaires dépasse, toute proportion gardée, celle des plus grands pays de l'Europe, comme si le goût et l'usage des objets d'or était plus répandu ici que partout ailleurs. Quant aux objets profanes, nous ne voyons dans les vitrines du palais de Pombal que quelques superbes spécimens tirés des collections royales et des dressoirs de la haute aristocratie du pays. Si nous y ajoutons par la pensée les quarante ou cinquante pièces connues dans nos collections françaises et anglaises, et celles qui ornent encore les palais royaux d'Adjuda et des Necessidades de Lisbonne, nous devons avoir l'ensemble très restreint de tout ce qui reste en ce genre de la belle époque portugaise. C'est dire ce que la fonte a détruit et ce que les. vicissitudes successives ont pu anéantir. Un écrivain spécial qui publie en ce moment une Histoire de l'orfèvrerie portugaise avec des documents tirés des archives nationales du pays,[1] estime que l'ensemble de ce qui reste de pièces de dressoirs représente à peine ce que devait contenir le palais d'un infant aux environs du XVIe siècle.

Le fait est que jamais la générosité humaine ne s'exerça d'une façon plus grandiose ; les présents à l'occasion des mariages royaux et dé ceux des infants dépassent en nombre ce qu'on peut imaginer ; et

---

1 Joaquim Vasconcellos, *Ourivesaria e Joialheria portugueza* ; Porto, 1882.

le poids massif d'or que représentent ces munificences est tout à fait invraisemblable. C'est le temps où les lingots d'or abondent à un tel point que ceux qui les reçoivent n'ont pas le temps de les compter. Dès que les premiers navigateurs eurent découvert les pays fortunés (la découverte de Mina date de 1482), la société portugaise, jusque-là vouée à de rudes sacrifices, commença à jouir de cette prospérité inespérée avec un esprit de prodigalité sans pareil ; mais le rêve fut aussi brillant que passager. Il faut, pour comprendre ce qui se passait alors, lire les chroniques de Garcia de Resende et les lettres de Damian de Goes (1501-1572). Depuis 1456 jusqu'à la fin du XVIe siècle, nous pouvons assister au spectacle des munificences de la cour de Portugal en lisant les relations du chevalier de Ehinigen, celles de Barao de Roszmithal, de Hieronimus Munster, de Martin Behaira, du chevalier de Harff. Il y a toute une bibliographie spéciale sur le sujet qui est à la portée de tous ; mais nous n'aurions garde d'oublier en cette circonstance les Relations et les dépêches de ces sagaces ambassadeurs de la sérénissime, attentifs au moindre geste des souverains étrangers, à quelque point de l'Europe ou de l'Asie que les ait envoyés la seigneurie. Navajero, Tron et Lippomani nous peignent de main de maître le tableau qu'offrait la cour de Portugal de 1525 à 1581.

Les fêtes succédaient aux fêtes ; chaque jour c'étaient des entrées d'ambassadeurs, des réceptions de souverains exotiques qui venaient saluer leurs nouveaux maîtres, menés pour ainsi dire en laisse, avec des chaînes d'or, par les guerriers audacieux qui les avaient réduits au vasselage. Ce fut d'abord le roi du Congo, puis le roi de Bény et, comme contraste, le prince Edouard, frère de la reine d'Angleterre (1486). Le roi de Maroc, Mulez Befageza, et après lui une mission du prince Bemoyn du royaume de Gelof, vinrent saluer le roi de Portugal. L'ambassadeur fut si charmé de ce qu'il vit à Lisbonne qu'il y demeura toute une année et se fit chrétien. Un jour, c'était Monseigneur d'Anjou qui entrait, attiré par la renommée des Portugais, puis un savant allemand, Müntzer. Les Vénitiens, qui jusque-là n'étaient qu'attentifs, devenaient inquiets en face de cette activité maritime, de cette audace et de ce génie ; la découverte du cap de Bonne-Espérance allait leur porter un coup dont la sérénissime ne devait jamais se relever. Dans l'ensemble des causes qui amenèrent la rapide décadence de la puissante république, c'est la cause immédiate et décisive. Venise avait pressenti le fait énorme qui allait changer la face du monde ; elle envoyait ses ambassadeurs, et le souverain les armait solennellement chevaliers. Dom Manoel demandait même à Pasqualijo de tenir son fils sur les fonts du baptême en même temps qu'il lui donnait le privilège d'ajouter à ses armes sa nouvelle impresa, la sphère armillaire, qui symbolisait les découvertes de son règne. Bientôt le Portugal, ignoré jusque-là malgré ses splendides alliances, devenait l'arbitre des grandes destinées, et l'orgueilleux sénat de Venise, menacé par le Turc, demandait aux Portugais leurs galères pour renforcer sa flotte, Dom Manoel, en 1511, est au comble de sa puissance ; le roi d'Angleterre lui envoie une ambassade spéciale pour lui attacher la Jarretière ; les rois d'Ormuz et de Samorin viennent jeter à ses pieds des lingots d'or et des diamants ; puis c'est le seigneur de Langeac qui veut lui rendre hommage, et bientôt toute une escorte de grands seigneurs polonais lui succèdent, appelés par le bruit de cette renommée. C'est le soleil levant, le soleil des Indes, dont les rayons sont d'or ; dans les fêtes publiques, ce ne sont plus des taureaux qu'on fait combattre, mais des éléphants et des rhinocéros, et l'impression est si neuve et si profonde que l'éléphant devient un des éléments de la nouvelle architecture et symbolise les Indes, tandis que le rhinocéros, gravé dans les *cartilhas* du temps et dessiné d'après nature, est envoyé à Albert Dürer par un de ses correspondants. Le grand artiste le grave dans son œuvre et, selon son habitude, écrit en marge les circonstances dans lesquelles il a reçu cet envoi.

Dans un court espace de temps, vingt ans à peine, trente-trois flottes armées dans le port de Lisbonne doublent la barre de Belem et vont à de nouvelles conquêtes. Dom Manoel, de différents mariages, avait eu douze enfants ; qu'on s'imagine, au point de vue des présents à l'occasion des alliances, aux naissances, aux baptêmes, et au moment de l'installation de toutes ces maisons d'infants et d'infantes, ce que devait mettre en mouvement un tel état de prospérité. Comment voulait-on qu'un tel éclat ne rejaillît point au dehors ? Par-delà les mers, le faste était le même et il empruntait une splendeur orientale à la munificence proverbiale des Asiatiques. L'entrée triomphale de don Joao de Castro, nommé gouverneur de Goa, eut un tel retentissement en Europe que la reine D. Catherine de Portugal, en lisant dans les dépêches de don Juan la relation de cette journée, s'écria : « Castro a vaincu comme un chrétien, mais il a triomphé comme un gentil. » Damian de Goes, dans ses lettres latines, dit que bon an mal an, de son temps, il entrait à Lisbonne de dix à douze mille esclaves de la Mauritanie, de l'Inde et du Brésil. Naturellement il s'établit un courant d'émigration dans les deux sens, et pendant que les Portugais allaient demander la fortune à ces eldorados récemment découverts, on vit accourir sur les bords du Tage les aventuriers de tous pays.

Lisbonne devint une Babel où se confondaient les races et les idiomes, les costumes et les types ; ce n'était plus la rude cité habituée aux combats pour la vie, mais un vaste emporium où on traitait les affaires dans des proportions colossales. Les Allemands surtout abondèrent ; toutes les classes étaient représentées, depuis les ecclésiastiques jusqu'aux savants, aux artistes, aux imprimeurs, aux armuriers et aux bombardiers. Il ne faut pas oublier que ces émigrés venaient des plus grands centres de l'art allemand de la renaissance ; il était impossible que les Portugais, troublés par cette prospérité subite, conservassent la quiétude d'esprit qui seule peut enfanter les œuvres d'art, et qu'ils résistassent à cette invasion ; si on ajoute à cela les privilèges que le roi dom Manoel accordait à ces nouveaux venus qui s'étaient constitués en corporation à côté des artistes nationaux (naturellement moins bien pourvus qu'eux au point de vue des traditions et des ressources internationales), on conçoit que l'art portugais, alors en pleine formation et qui accomplissait la seule évolution sérieuse qu'il ait effectuée dans toute son histoire avec Boytaca à Belem (je ne saurais compter comme une évolution, mais simplement comme un reflet, l'influence de l'art indien à la fin du XVIe ' siècle), ait été débordé de toute part. Dans un tel milieu, il n'y avait plus ni règle ni discipline ; qu'il s'agît d'objets d'art religieux ou profanes, chacun suivait sa fantaisie ; et il ne manquait pas de parvenus, surpris par leur richesse inattendue, pour imposer les commandes les plus bizarres et dicter aux artistes les plus singuliers programmes. Telle est la raison de ces hésitations sans nombre et du désordre de style dont se plaignait François de Hollande à son retour d'Italie à Lisbonne. De là aussi la variété des styles dans des objets d'une même époque. Ou les artistes venaient du dehors, et ils apportaient naturellement leurs traditions ; ou bien Portugais dans leur essence, et décidés à échapper à la tutelle et aux traditions des grands artistes espagnols qui faisaient école dans la péninsule, — les Becerril, les Carrion, les Merino, les Arfe, — ils se livraient à des fantaisies suscitées par les événements du temps et, n'étant pas soutenus par ces belles traditions classiques dont se sont inspirés les artistes de la renaissance, ils entassaient un peu au hasard, sans grande science anatomique, des milliers de figurines sur le *marli* d'un plat d'apparat ou autour d'une coupe de dressoir. Et c'étaient des triomphes, des épisodes de bataille, des allusions aux faits contemporains singulièrement sculptés dans des frises dont les ornements étaient empruntés à la flore et à la faune des pays récemment découverts. Souvent, ne pouvant faire beau, ils faisaient riche et confus, tout en gardant une habileté technique extraordinaire. Puis vint une source d'inspiration facile mais antinationale ; la série des gravures des maîtres orfèvres allemands due à l'importation des facteurs. Cette diffusion fut considérable ; cent cinquante modèles de Jamitzer et de Virgil Solis d'abord, puis bientôt toute l'école, fournirent des éléments aux orfèvres, et nous reconnaissons la trace évidente de cette influence dans un grand nombre d'objets qui figurent à l'exposition de Lisbonne. Ce n'était pas encore assez ; Viruve arrivait en Portugal à travers la traduction de L. Alberti, et on publiait à Lisbonne le *de Re edificatoria* ; le moment allait venir, de 1530 à 1550, où une révolution complète devait se faire dans l'art du monument. Laurent de Médicis, sollicité par le roi Jean de Portugal de lui envoyer un architecte, avait décidé un grand artiste de son temps à accepter ces fonctions. Andrea Contucci, né en 1460 à Monte Sansovino, et qui devait plus tard donner son nom à l'un de ses élèves, un des plus nobles artistes de l'Italie, « le Sansovino, » devint pendant neuf années l'architecte et le sculpteur du roi de Portugal. L'auteur des beaux tombeaux de Santa Maria del Popolo et des bas-reliefs de la Santa Casa de Loretto, a laissé sa trace à Coimbra, à Santa Cruz, Son séjour en Portugal est contemporain des dernières années du XVe siècle, car nous le retrouvons à Florence dans les premières années du XVIe. Un coffret en argent ciselé, qui n'est que la reproduction du monument de Lorette, nous avait révélé à première vue, dans une des vitrines de Pombal, le nom d'Andréa Contucci. Tous les documents confirment sa présence ; Raczynski, dans son *Histoire de l'art en Portugal*, la constate et indique ses œuvres à Santa Cruz de Coimbra. Il est évident qu'un homme aussi considérable, dans un pays facile à subir l'impression du dehors, devait exercer une action autour de lui. Je ne serais pas éloigné, dans ce cloître de Belem d'une ornementation si touffue, si italienne par quelques côtés, moins l'exquise finesse d'exécution des détails, qui y fait toujours défaut, de voir l'influence d'un artiste aussi avancé que Contucci.

Cependant la, Bourgogne, les Flandres et l'Allemagne étaient réunies par héritage ou mariage sous le sceptre de Maximilien ; les Allemands et les Flamands avaient pu étouffer le germe italien dans la peinture, dans l'architecture et dans les arts mineurs ; François de Hollande, lui, allait exercer l'action définitive et, à partir de la deuxième moitié du XVIe siècle, faire dominer en Portugal l'influence italienne. Le phénomène qu'il importe de constater, c'est que, désormais renseignés sur les nouveaux styles, ayant acquis la pratique des formes nouvelles el toujours imbus des anciennes, les orfèvres et les sculpteurs portugais, comme aussi les Aragonais, les Catalans et les artistes de Séville et de l'Andalousie, retournaient volontiers en arrière. On a des exemples dessinés de projets exécutés dans trois styles différents, comme mous exécuterions aujourd'hui un objet d'orfèvrerie, un meuble ou un monument d'architecture dans le goût des époques passées. Mais le cachet particulier qui permet de reconnaître les objets de provenance portugaise, c'est que très souvent, avec un éclectisme qui n'est pas toujours louable, dans un ensemble architectural ou sculptural, ou dans la composition d'un monument d'orfèvrerie conçu dans le style gothique, l'artiste tout d'un coup introduit une formule ornementale de la renaissance italienne. C'est ce qui nous a dérouté si souvent lorsqu'on nous pressait d'assigner une date et une origine à un objet précieux. Si on ajoute à cela que le Portugal, à l'extrémité de l'Europe, retardait d'un siècle sur les autres ; régions,, on conçoit facilement qu'il était nécessaire d'entrer dans les considérations que nous venons de développer pour apprécier les objets d'art exposés à Lisbonne.

Le nom de François de Hollande, tout à fait célèbre en Portugal par les travaux des écrivains nationaux, a été souvent prononcé en France. En somme, c'est Raczynski auquel on doit la première publication d'une partie de ses manuscrits, vers 1846. M. Charles Clément ai signalé sa personnalité, et M. Charles Graux, bibliothécaire de la Sorbonne, qui vient d'être enlevé à trente ans, se proposait de publier le précieux album conservé à la bibliothèque de l'Escurial, où cet artiste, à côté de la plupart des monuments de la Rome du XVIe siècle, a reproduit d'après nature et dans un costume tout à fait caractéristique, les traits de Michel-Ange, dont il était devenu le compagnon assidu.

François était le fils d'un enlumineur, Antoine de Hollande, fixé en Portugal ; il était né à Lisbonne, et le roi Jean III l'avait envoyé en Italie pour étudier l'art ; c'était déjà la mode en Portugal dès le premier quart du XVIe siècle. L'artiste pensionnaire avait l'esprit ouvert, il recherchait les hommes en vue (on voit même par ses récits qu'il était d'abord importun au peintre de la chapelle Sixtine) ; bientôt il fut adopté par eux et recueillit leurs doctes entretiens. Il faisait partie de cette société choisie qui se réunissait chez Vittoria Colonna à Monte-Cavallo, et le manuscrit original : « Dialogue sur la peinture dans la ville de Rome » dédié à Jean III, et conservé autrefois dans la bibliothèque du Jésus, contient un procès-verbal fidèle des séances de ce cénacle dans lequel l'avaient introduit Tolomei Lactansio et le secrétaire du pape. En 1548, François revint à Lisbonne tout imbu des idées italiennes, et avançant d'un siècle sur ses compatriotes ; en présence de ce qui se passait alors en Portugal, il gourmanda ses contemporains et leur donna les artistes italiens pour exemple. Ses manuscrits se répandirent, et son action s'exerçant par la plume et le pinceau, il déplora la « confusion des styles » et se mit à juger les arts de son temps comme les critiques contemporains les jugeraient aujourd'hui. Injuste à l'égard des artistes de son pays, dans ces documents, considérables en raison du temps et des circonstances dans lesquelles il les écrivit, il affecta même un superbe mépris à l'égard de l'école portugaise tout entière. En fait, son influence fut grande, et il vécut dans la société de la cour ; l'un des infants, D. Luiz, esprit distingué et passionné collectionneur, lui avait même confié le soin d'acheter des objets d'art en Italie ; il se posa en réformateur et traça à son propre souverain une sorte de programme, comme l'aurait fait un surintendant des beaux-arts. C'est à ce moment qu'on importa en Portugal la plupart des objets d'art italien qu'on y voyait encore il y a quelques années, soit en la possession des collectionneurs, soit dans la décoration des monuments publics. Les Allemands étaient débordés, le mouvement d'impulsion de la renaissance italienne devenait irrésistible ; il envahit tout. Il fallut des circonstances politiques de premier ordre pour arrêter cette expansion ; on sentait déjà que les fameuses conquêtes qui avaient amené la prospérité seraient fatales au pays en détournant la nation de l'agriculture et substituant des chimères aux réalités de la vie pratique. L'inquisition aussi s'était établie en Portugal sous Jean III, et les jésuites fondaient leur pouvoir ; l'esprit public s'en ressentait, la cour était sombre ; les rêveries de dom Sébastien, nature chevaleresque, que guidait dans l'ombre un pouvoir occulte, plus préoccupé d'abattre le croissant que d'arrêter le pays sur la pente où il allait glisser, devaient achever de perdre le Portugal et favoriser l'ambition de Philippe II. Le duc d'Albe s'avança vers Lisbonne ; en 1581, le fils de Charles-Quint reçut solennellement la couronne sous le nom de Philippe Ier de Portugal, et jusqu'en 1640, pendant « soixante ans de captivité, » l'union ibérique devait être réalisée. Il était impossible que les arts ne conservassent pas l'empreinte de cette transformation politique. Philippe II avait trouvé son architecte et son architecture : Herrera avait construit l'Escurial ; Belem conserve encore dans son abside, qui offre le plus singulier contraste avec sa nef et son cloître, la trace du passage des Espagnols qui imprimèrent aux monuments de leur temps la sévérité glaciale qui caractérise l'Escurial. Puis le moment des revers était venu, le pays appauvri n'avait plus souci des choses d'art, les Anglais entraient dans le royaume et s'avançaient à quatre lieues de Lisbonne ; les Hollandais, de leur côté, assiégeaient les possessions d'outre-mer ; les flottes n'existaient plus, le trésor était tari, les grandes factoreries des Flandres et de l'Allemagne avaient suspendu leurs paiements ; pour surcroît d'infortune, un effroyable cataclysme, de temps en temps, venait détruire les villes, renverser les monuments et rendre plus précaire encore la situation du pays. Quand le Portugal fut rendu à lui-même vers le milieu du XVIIe siècle, il n'avait plus de ressources suffisantes pour affirmer sa vitalité ; il fallut une nouvelle découverte, celle des mines du Brésil (1669), pour redonner au pays une certaine activité artistique. Quand cette première manifestation se produisit, l'idée fixe du souverain fut de prendre une revanche de l'Escurial ; on vit s'élever *Mafra*, et comme en même temps, le souvenir de Louis XIV hantait le roi don Jean V, le résultat de ses rêves ambitieux fut ce monastère immense, démesuré, où quarante-cinq mille ouvriers et deux mille cinq cents chariots étaient employés chaque jour. Quand on inaugura ce monde de pierre qui ne contenait pas moins de huit cent quatre-vingts salles et cinq mille portes et fenêtres, on y donna un repas de neuf mille personnes. Un Allemand, d'origine italienne, Jean Frédéric Lodovici, fut l'architecte ; un Italien, Giusti, eut l'entreprise des travaux de sculpture, et, de cette collaboration, il résulta un monument hybride dont les lignes générales portaient l'empreinte du style italien et des grandes basiliques du XVIe siècle, le Latran et la Santa Casa, avec des additions bizarres de toitures à formes tourmentées qui faisaient penser aux pagodes. C'était, à l'entrée du XVIIIe siècle, la profession de foi monumentale du Portugal faite par des étrangers qui, naturellement, se souciaient peu des tendances nationales, et ne prenaient même pas garde aux conditions physiques du sol sur lequel ils construisaient. Mafra, œuvre absolument gigantesque, eut une influence indiscutable sur l'architecture du temps ; il n'était plus question d'affirmer la nationalité, et si on considère que tous les ouvriers et artistes du Portugal vinrent se grouper autour de Mafra et, pendant treize années, suivirent la direction de deux étrangers qui les façonnaient à leur goût et tuaient en eux toute initiative nationale, on comprend que l'effort tenté sous dom Manoel n'était pas près de se renouveler.

D'ailleurs, comme l'Italie avait eu son heure d'expansion, la France, à son tour, avait la sienne. Les Bourbons occupaient le trône d'Espagne, le monde avait les yeux tournés vers Louis XIV, et les splendeurs de Versailles éblouissaient l'Europe ; à San Ildefonso on copiait Trianon ; à Aranjuez, on pensait à Mansart et à Le Nôtre ; nos artistes étaient en honneur partout et, sous Louis XV, la mode envahissait l'Europe entière. Le cachet national portugais se retrouvait encore dans les ouvrages spéciaux au pays, ces lourds carrosses sculptés comme des proues de galère, qu'on conserve dans les remises de Belem, les statuettes d'argile, maniérées déjà comme les figures de nos peintres galants, les lits d'apparat, toutes les œuvres dites de *talha*, sculptures en bois peintes et dorées, meubles galants dignes de rivaliser avec les nôtres, *azujelos*, cuirs gaufrés, ouvrages d'écaille, et autres menues industries d'art. En architecture, la maison portugaise populaire seule conserva son caractère comme aussi la villa.

Les Indes avaient à leur tour influencé la métropole en y important toute une industrie locale qui s'était inspirée des besoins et des aspirations des conquérants ; c'étaient des milliers d'objets d'ivoire et de bois précieux où la forme des symboles de l'Europe et les formules de notre ornementation étaient traduites par des ouvriers exotiques qui n'abdiquaient qu'à moitié leur personnalité. La religion tendre des catholiques empruntait à cet art violent quelque chose de sauvage dans son expression : en face de ces Vierges aux yeux incrustés d'ébène, de ces Christs livides dont les plaies sont simulées par des grenats éclatants, dont le corps est lacéré de rouges blessures, et dont le chef tatoué de larmes sanglantes se détache sur des lames d'argent découpées, on pense à la fois aux idoles indiennes et à l'inquisition de Goa.

Tout le XVIIIe siècle, en architecture, ne devait différer du nôtre et de celui de l'Italie que par un accent de terroir qui se retrouvait dans le détail. Le souvenir de Juvara, de Gabriel, et de Louis, se retrouvait dans les œuvres des derniers grands ingénieurs du siècle, les Santos de Carvalho ; mais il est certain que si on devait oublier parfois les conditions premières qui déterminent les lois de l'architecture dans un pays, le goût du grandiose et une certaine magnificence restaient l'apanage de la nation. Le tremblement de terre de 1755 vint tout détruire, la secousse se fit, sentir depuis Lisbonne jusqu'à Porto ; le marquis de Pombal, par un suprême effort d'énergie, devait reconstruire la ville sur un plan grandiose et d'une régularité qui substituait une certaine monotonie aux pittoresques dispositions dictées par les conditions mêmes du terrain primitif. Pombal cependant, avec ses vues grandioses, voulait rester national et, s'il ne put se soustraire au courant qui entraînait alors l'Europe, il voulut du moins n'employer que des artistes portugais à la réalisation de ses nobles desseins. La place du Commerce et son escalier superbe qui baigne dans le Tage, ses marches monumentales, et la fondation de cette série de rues régulières qui rappellent la construction de la ville de Turin tracée sur un plan d'ensemble, ne constituent point une profession de foi architecturale à un caractère national, mais elles attestent du moins un goût décidé pour la magnificence. Ce fut le dernier effort réalisé avant les temps contemporains.

Il faut conclure de cette exposition des conditions particulières dans lesquelles se trouvait la nation portugaise qu'il était difficile que ses arts affectassent en face de ceux de L'Espagne, un caractère nettement original ; cependant, le jour où elle s'affirma par son génie des découvertes et attira sur elle l'attention du monde entier, elle sut trouver une formule architecturale à laquelle on a donné le nom du souverain qui régnait alors, le « style manuelin » appliqué à presque tous les monuments élevés dans le premier quart du XVIe siècle, est celui dont le monastère de Belem nous offre l'exemple le plus célèbre. Si on considère que le roi dom Manoel n'a pas construit moins de soixante-deux édifices (dont Damian de Goes nous a laissé la liste), que ces œuvres éparses dans tout le pays multipliaient les exemples, d'une manière propre à l'architecte de Belem, Boytaca, que les successeurs du prince allaient encore se l'approprier jusqu'à la moitié du XVIe siècle, et qu'enfin, non contents de la localiser aux monuments, les élèves du maître devaient l'appliquer à l'art ornemental dans toutes ses acceptions, on comprendra, quelle que soit la valeur du style au point de vue de l'esthétique, qu'il faut le constater, l'étudier et le classer.

Cette appellation du « style manuelin, » ratifiée par les Portugais eux-mêmes, est très récente encore ; elle est due à un étranger, François de Varnhagen, qui, vers 1842, étudiait l'architecture du monastère de Belem pour publier sa *Notice historique et descriptive*. Ce n'était pas à proprement parler une création, mais une combinaison éclectique, souvent pleine de contradictions. La base, c'était le style gothique de la troisième période, avec un pressentiment de la renaissance italienne qui venait altérer les formes primitives et le caractère, et jeter dans l'ornementation un reflet des idées qui flottaient alors dans l'air et constituaient le fond des préoccupations de la nation.

A un moment décisif de l'histoire du Portugal, dès le XIVe siècle, le génie maritime de la nation s'était révélé. Dom Henrique, fils de Jean Ier (1387), avait fondé l'école nautique de Sagres et concentré tous ses efforts vers ces études : en 1418, on avait découvert Madère, en 1431 ; les Açores ; en 1447, les îles du Cap-Vert. Jean

Il apportait encore aux choses de la navigation une ardeur plus active, il prépara l'expédition de Covilham, agrandit chaque jour le domaine des Portugais, prit le titre de seigneur de Guinée, et eut la gloire de confier à Diaz la flotte qui, après avoir doublé le cap des Tourmentes, devait l'appeler au retour le cap de Bonne-Espérance. Dom Manoel allait recueillir le fruit des efforts de Jean II ; le 14 juillet 1497, il assistait sur la plage de Belem au départ de Vasco de Gama et faisait vœu, si le voyageur revenait sain et sauf des rives lointaines après avoir réalisé le rêve de son prédécesseur, d'élever un temple superbe au lieu où s'élevait l'humble sanctuaire de Bethléem. Trois années après, Vasco découvrait les Indes, et dom Manoel posait la première pierre du monastère de Belem. L'esprit nouveau devait naturellement se refléter dans l'œuvre nouvelle où Boytaca symbolisait les récentes découvertes en créant tout un système ornemental où se combinaient la sphère armillaire, que le roi ajoutait à ses armes, les cordages, les croix du Christ, les fleurs des rives nouvelles, les coraux et les madrépores, emblèmes des longs voyages et du génie maritime.

C'est la période créatrice des Portugais ; quelques-unes de ces applications ne sont pas irréprochables au point de vue de la mesure et du goût : il faut le constater, car Belem a engendré Thomar, et l'abondance et la liberté jointes à un certain dérèglement d'imagination devaient vite ramener une décadence.

Un art national, en effet, doit être le résultat d'une progression artistique suivie, et cette progression est presque toujours lente : il est dangereux d'être à la merci des influences qui se produisent par a à-coups, » par cette raison dominante qu'on ne substitue pas aux conditions inhérentes au sol et au climat, des circonstances accidentelles, et qu'un fait, si important qu'il soit dans l'histoire d'un peuple, ne suffit pas pour engendrer un style. Les lois de la construction qui déterminent le système de l'architecture, et les lois de la décoration dans les arts mineurs, sont toujours dictées, les premières par le sol, le climat, les matériaux à employer et le but à remplir ; les secondes, par l'usage et par la matière à mettre en œuvre. L'esprit national, le tempérament du pays, les circonstances morales et les faits historiques ne viennent qu'en troisième lieu ; ils déterminent le temps et l'heure aux yeux des archéologues et des critiques de l'avenir, comme les premières leur révèlent le lieu et la race. Ce sont là des conditions fondamentales qu'on oublie trop et que la richesse de la matière, l'habileté prestigieuse de l'ouvrier et la fantaisie brillante de l'inventeur ne doivent jamais faire oublier. Il y a eu un moment dans l'art portugais où les artistes, n'étant point retenus par des traditions sévères, n'ayant point pour les guider dans une marche ascendante quelques-uns de ces maîtres nationaux qui formulent inconsciemment dans leurs œuvres les lois de l'esthétique, devinrent le jouet des événements et des impressions passagères. Leurs procédés techniques étaient supérieurs toujours, leur habileté manuelle incontestable ; mais la liberté de leur inspiration dégénéra souvent en licence. C'est en vain que dans un objet d'orfèvrerie d'une admirable exécution technique, on cherchait les lignes essentielles de la construction ; elles disparaissaient sous l'ornementation touffue, parasite, qui non-seulement empêchait de comprendre l'ordonnance, mais allait même contre le but et l'usage de l'objet lui-même. C'est le cas de la plupart de ces riches aiguières du XVIe siècle que nous avons vues en grand nombre à Lisbonne, et dont quelques-unes figurent dans les collections Wallace et Spitzer. La juxtaposition, dans les vitrines du palais de Pombal, de quelques objets italiens, allemands et français des beaux siècles destinées au même usage, et tout aussi riches, montre ce que gagne une composition de cette nature à l'intervention de la raison et à la modération dans la répartition des ornements. Quand la composition est sage et rationnelle, l'ouvrier portugais est si habile, que son œuvre peut être sans rivale dans aucune région : les coupes du genre dit *dos Bicos* en sont un exemple frappant.

L'Exposition rétrospective de Lisbonne n'aura été pour nous qu'un prétexte à jeter un coup d'œil général sur les arts du pays ; c'est le mérite incontestable de ces entreprises de permettre d'envisager, comme d'une hauteur, tout l'espace parcouru, et d'établir la somme d'invention qui constitue la part d'une nation dans l'ensemble de l'histoire de l'art. Quelques écrivains portugais contestent à leurs compatriotes un style et un genre spécial ; ils disent qu'il n'y a jamais eu de frontières entre les deux peuples qui se partagent la péninsule ibérique ; c'est l'avis d'un savant écrivain, Joaquim de Vasconcellos ; nous croyons, pour notre part, qu'il existe une ligne de démarcation et qu'elle s'établit d'une manière assez nette. Un examen attentif permet de déterminer la part exacte de chaque influence et de décomposer les courants. Comme les vrais principes de l'art ne doivent jamais être sacrifiés, il faut constater nettement que la facilité avec laquelle les artistes du pays s'assimilaient les formes étrangères, n'a pas peu contribué à les détourner du but idéal : une forme originale en rapport avec l'esprit du pays, les conditions de la matière mise en œuvre, et surtout l'usage auquel on la destine. Mais la vitalité était puissante, la force de production considérable, et (toute proportion gardée, bien entendu) il semble qu'aucun pays de l'Europe, en vidant ses trésors, et en ne faisant appel qu'aux produits d'origine nationale, n'aurait pu offrir autant de pièces importantes aux yeux des étrangers.

Le résultat d'un tel effort devrait être un progrès décisif pour le pays qui vient de l'accomplir ; il a pu se reconnaître, constater le point de départ, mesurer l'espace parcouru, envisager le point d'arrivée et comparer les résultats. Au point de vue de l'histoire de l'art, les archives sont là, complètes, sinon toutes classées ; les inventaires existent depuis le XIVe siècle jusqu'aujourd'hui, malgré des vicissitudes sans nombre et des cataclysmes dont il y a peu d'exemples dans le monde. Il n'y a pas un des riches objets qu'on nous a présentés, dont on ne puisse, par des investigations habilement dirigées, retrouver facilement l'origine. Enfin, tout un personnel d'écrivains, d'artistes, d'amateurs, de bibliothécaires et d'archivistes, çà et là, dans des revues locales et des publications dont nous avons pu apprécier le mérite, fournissent chaque jour des éléments qui ne doivent pas rester épars. On conteste que la plupart des œuvres que nous avons eues sous les yeux soient sorties des mains d'artistes portugais, et on en arrive, je le crois, à exagérer la part des étrangers dans la production nationale ; les preuves des origines sont à la « Torre de Tombo, » dépôt des archives de l'état. Les auteurs que nous avons cités viennent de nous fournir de précieux inventaires, et, à l'occasion de l'exposition actuelle, nombre d'écrivains et d'archéologues ont fait des investigations dans ce sens. L'histoire de l'art, ébauchée seulement par Raczinski, est là en germe ; c'est aux nationaux à entrer vigoureusement dans cette voie ; ils rendront ainsi à l'art portugais son état civil. Si bien intentionnés qu'ils soient, les étrangers entrent difficilement dans le génie d'une nation ; tout au plus peut-on dire que ceux d'entre

Charles Yriarte

eux qui sont habitués aux longs voyages, au frottement des peuples divers, sont plus dégagés de préjugés que les nationaux, et peuvent fixer avec plus d'équité la part qui revient au génie d'un ; pays dans l'histoire des arts du monde entier.

ISBN : 978-1978104488

www.ingramcontent.com/pod-product-compliance
Lightning Source LLC
Chambersburg PA
CBHW050252230526
45470CB00005B/2228